Ein Kaktus erblüht

Jens Peter Jacobsen

Impressum

Autor: Jens Peter Jacobsen
Übersetzung: Erich von Mendesohn
Umschlagkonzept: toepferschumann, Berlin

Verlag: tradition GmbH, Hamburg
ISBN: 978-3-8424-9096-3
Printed in Germany

Tucholsky Wagner Zola Scott Sydow Freud Schlegel
Turgenev Fonatne Wallace Walther von der Vogelweide Fouqué Friedrich II. von Preußen
Twain Weber Freiligrath Frey
Fechner Weiße Rose von Fallersleben Kant Ernst Frommel
Fichte Richthofen
Engels Fielding Hölderlin Tacitus Dumas
Fehrs Faber Flaubert Eichendorff
Feuerbach Maximilian I. von Habsburg Fock Eliasberg Zweig Ebner Eschenbach
Ewald Eliot Vergil
Goethe Elisabeth von Österreich London
Mendelssohn Balzac Shakespeare Rathenau Dostojewski Ganghofer
Trackl Lichtenberg Doyle Gjellerup
Stevenson Hambruch Gjellerup
Mommsen Thoma Tolstoi Lenz Hanrieder Droste-Hülshoff
von Arnim Hägele
Dach Verne Hauff Humboldt
Karrillon Reuter Rousseau Hagen Hauptmann Gautier
Garschin
Damaschke Defoe Hebbel Baudelaire
Descartes Hegel Kussmaul Herder
Wolfram von Eschenbach Schopenhauer Rilke George
Bronner Darwin Dickens Grimm Jerome Bebel
Campe Horváth Melville Aristoteles Proust
Bismarck Vigny Voltaire Federer Herodot
Gengenbach Barlach Heine
Storm Casanova Tersteegen Grillparzer Georgy
Chamberlain Lessing Langbein Gilm Gryphius
Brentano Lafontaine
Strachwitz Claudius Schiller Kralik Iffland Sokrates
Katharina II. von Rußland Bellamy Schilling
Gerstäcker Raabe Gibbon Tschechow
Löns Hesse Hoffmann Gogol Wilde Vulpius
Luther Heym Hofmannsthal Klee Hölty Morgenstern Gleim
Roth Heyse Klopstock Goedicke
Luxemburg Puschkin Homer Kleist
Machiavelli La Roche Horaz Mörike Musil
Navarra Aurel Musset Kierkegaard Kraft Kraus
Nestroy Marie de France Lamprecht Kind Kirchhoff Hugo Moltke
Laotse Ipsen Liebknecht
Nietzsche Nansen Marx Lassalle Gorki Klett Ringelnatz
von Ossietzky May vom Stein Lawrence Leibniz
Petalozzi Irving
Platon Knigge
Sachs Poe Pückler Michelangelo Kock Kafka
Liebermann Korolenko
de Sade Praetorius Mistral Zetkin

Der Verlag tradition aus Hamburg veröffentlicht in der Reihe **TREDITION CLASSICS** Werke aus mehr als zwei Jahrtausenden. Diese waren zu einem Großteil vergriffen oder nur noch antiquarisch erhältlich.

Symbolfigur für **TREDITION CLASSICS** ist Johannes Gutenberg (1400 — 1468), der Erfinder des Buchdrucks mit Metalllettern und der Druckerpresse.

Mit der Buchreihe **TREDITION CLASSICS** verfolgt tradition das Ziel, tausende Klassiker der Weltliteratur verschiedener Sprachen wieder als gedruckte Bücher aufzulegen – und das weltweit!

Die Buchreihe dient zur Bewahrung der Literatur und Förderung der Kultur. Sie trägt so dazu bei, dass viele tausend Werke nicht in Vergessenheit geraten.

Läßt man in Gedanken die Reihe seiner Bekannten vorübergleiten, so sieht man immer diejenigen, zu denen man nicht in ein nahes und inniges Verhältnis getreten ist, in einer gewissen, bestimmten Situation erscheinen.

So geht es wenigstens mir.

Der eine biegt zum Beispiel immer grüßend um eine Ecke, einen anderen finde ich immer an meinem Fenster stehen, den Blick auf das gegenüberliegende Haus gerichtet. Da ist ein alternder Mann, der immer dasitzt und gedankenvoll in seine Suppe starrt, über der unzählige Fliegen summen, und ein eleganter junger Mann, stets in Begleitung eines Nußknackers, der im Schatten einer großen Kalla die Zähne zeigt.

Von den vielen Bildern dieser Art, die jetzt an mir vorüberziehen, will ich ein einzelnes festhalten.

Es ist ein alter Mann, der sich über eine prächtige Rose beugt und eine eben aufgebrochene Knospe küßt. Er ist Kriegsrat. Der Kriegsrat liebt seine Blumen unsagbar, auch die anderer liebt er, wie man die Kinder anderer im Verhältnis zu den eigenen liebt; hatten nun aber diese anderen ein eigentümliches Blumenkind, das sie nicht zu pflegen verstanden, so wie es gepflegt werden mußte, um zu etwas zu werden, so nahm er es zu sich und behandelte es wie seine eigenen und trennte sich nur ungern davon. Er wurde zornig, wenn man nicht gut gegen Blumen war, und ging sogar zuweilen zu wildfremden Menschen hinein und ermahnte sie, das Heliotrop, das sie im Fenster stehen hatten, zu begießen und die Myrte zu beschneiden, die daneben stand. Besagter Kriegsrat hatte eine Tochter; sie hieß nicht Julie, aber ich will sie Julie nennen. Ob sie schön war? Ja! Hört nun, wie der Kriegsrat darüber dachte. Ich habe nämlich den Kriegsrat in Verdacht, daß er einen starken Hang zu Symbolik hatte; ich glaube, daß die Blumen, die im Wohnzimmer standen, eine jede ihren Namen nach einem seiner Lieben hatten, und was nun einen schönen, weißen Oleander betrifft, der auf einem kleinen Blumentisch für sich stand und mit seinen dunklen Blättern und zarten, duftenden Blüten prangte, so bin ich fest davon überzeugt, daß er so hieß, wie Julie hieß.

Wir waren fünf junge Leute, die viel dort im Hause verkehrten: Peter und Paul, Karl und Jesper und – Mads. Das letztemal, als wir alle dort versammelt waren, war ein Abend im Oktober, und zwar in Veranlassung eines sehr seltenen Kaktus, der jetzt endlich nach neunjähriger, sorgfältiger Pflege eine Blüte bekommen hatte, die sich nach Sitte dieses Kaktus einmal im Laufe der Nacht mit einem großen Knall erschließen würde. Nun sollte ja die Wartezeit mit irgend etwas hingebracht werden, und da wir jungen Leute, was keine Seltenheit ist, glaubten, daß wir Dichter seien – Karl war freilich sowohl in bezug auf uns als auf sich selbst davon überzeugt, daß es ein Irrtum sei –, so hatten wir den Kriegsrat verstehen lassen, daß wir es übernehmen wollten, die Pausen zwischen dem Tee und den Wanderungen der Obstschalen auszufüllen.

Es war ein Kreis Damen und Herren geladen worden, aber infolge des schlechten Wetters und anderer hinreichender Abhaltungsgründe hatte sich, mit Ausnahme eines tauben Assessors, niemand weiter als wir fünf eingefunden. Aber was tat das wohl, Julie war da, und im Grunde war sie es doch, der wir vorlesen wollten, sie, von der wir uns bewundern lassen wollten.

Nun, der Kaktus stand mitten auf dem Tisch, der Kriegsrat und der Assessor saßen jeder in seiner Ecke des Sofas, Julie wand Garn auf einer allerliebsten antiken Garnwinde ab, die ihrer verstorbenen Mutter gehört hatte, und Karl saß bei ihr und schnitt mit einer gewaltigen Gartenschere Garnwickel aus. Wir andern schlenderten ein wenig unglücklich umher, verloren uns in der Betrachtung der Bilder an den Wänden, zählten die Streifen in der Tapete, nahmen die Visitenkarten durch, hoben das Rouleau in die Höhe, um zu sehen, ob es sternklar sei, und hörten trotz all der Geschäftigkeit doch jedes Wort, das im Zimmer gesagt wurde, so daß wir lachen konnten, wenn der Assessor witzig war.

Endlich war Julie so freundlich, Paul zum Anfangen aufzufordern, und so las er denn:

Herbst

Wälder erprangen in herrlichster Tracht,
Früchte verschönen des Blätterwerks Pracht,
Reicher vermögen sie nicht sich zu schmücken,
Können nicht näher dem Ziele zurücken,
    Fanden ihr Ziel.

Herbstwinde kommen verschlagen und feig.
Streicheln die hangenden Blätter am Zweig,
Bringen von milderen Lenzwinden Grüße,
Höhnisch Erinnerung an sprossende Küsse,
    Grünendes Laub.

Sehnsuchtsvoll denkt jetzt ein jedes Blatt,
Wie in der Knospe geträumt es hat.
Denkt auch des Tags, wo befreit es sich streckte
Aufwärts zum Lichte, das freundlich es weckte,
    Küßte es grün.

Einmal durchleben noch will es die Zeit,
Wiegt sich im Winde, und hell ist sein Kleid,
Doch ist der Lenzfarbe Frische geschwunden,
Welk ist es jetzt und kann nie mehr gesunden.
    Fand ja sein Ziel.

Herbstwinde gehn ihren heerenden Gang,
Heulen den Blättern den spottenden Sang:
»Geht ihr in Kindheit, so seid ihr zu alt,
Nieder aus allem Gezweige ihr fallt.
    Fandet das Ziel.«

Doch in dem Laubfall ist manches Blatt,
Das sich zusammengerollt wieder hat,
Wie in der Knospe geschlossen es lag,
Träumen es noch nicht entsagen mag,
    Träumen vom Lenz.

»O ja! o ja!« seufzte der Assessor, »der Herbst ist eine sehr melancholische Jahreszeit und ungesund, sehr ungesund!«

Jesper sah mitleidsvoll zu den Sofaleuten hinüber, lächelte Julie zu und las:

Stimmungen

I

Im Raum, dem gewaltigen, wiegt sich
Die Erde, ein schwankendes Blatt,
Und ich bin ein Staubkorn, das funkelt,
Weiß Gott, woher Feuer es hat?

Und dennoch ist das Sonnsystem,
Gewiegt in des Äthers Bad,
Ein Kräuseln in meiner Gedanken Meer,
Wer wohl es verursacht hat?

II

Gedanken haben mich erhoben,
Und Stimmungen mich tief beglückt,
Zum lichten Strand des Geists getragen,
Den klar die Wahrheitssonne schmückt.

Ich wiegte mich auf Schönheitsmeeren
Und lauschte ihrem Wogenklang.
Der Tiefe feine, klare Perlen
Hab ich geholt auf meinem Gang.

Mein Leben war wohl reich an Sorgen,
Doch Freuden barg auch seine Qual;
Und ward geschlagen ich im Kampfe,
Ich siegte auch auf mancher Wal.

Und doch, ich gäbe gern mein Stürmen
In diesem stolzen Tanze hin
Und tauschte freudig Geisteskräfte
Mit eines Bauern stumpfem Sinn.

O welche Ruhe, nur zu sehen,
Was sich in blödes Auge bohrt,

An Wertlosem den Wert zu finden
Und zu belachen kluges Wort.

Und schließlich ruhig hinzuschlummern,
In Träumen von der Seligkeit,
Von Wiedersehn mit toten Frauen
Und von des Sonntags Ewigkeit.

»Das erinnert mich ganz an die Zeit, als ich mich mit Botanik be-
schäftigte,« rief der Kriegsrat aus, »es war so viel die Rede davon,
daß gefüllte Blumen mißgestaltet seien, und ich konnte niemals eine
Rose ansehen, ohne sie auseinanderzupflücken, um all die Staubfä-
denjämmerlichkeit zu sehen, die sich hinter den schönen Blättern
verbarg. Da sehnte ich mich auch nach meinem alten Bauernver-
stand, jetzt hab ich ihn – Gott sei Dank!«

Julie bat nun Peter, uns mit irgend etwas zu erfreuen. Peter saß
da und sah auf seine Stiefel und stellte sich sehr überrascht und sehr
unwillig. Als er mit diesem Vorspiel fertig war, begann er:

Eine Arabeske

Irrtest du in dunklen Wäldern?
Kennst du Pan?
Ich fühlte ihn,
Nicht in den dunklen Wäldern,
Wo alles Schweigende sprach,
Nein! Den Pan hab ich nie gekannt.
Doch der Liebe Pan hab ich gefühlt,
Da schwieg alles Redende.

In sonnenwarmen Strichen
Wächst ein seltsames Kraut;
Nur in tiefstem Schweigen,
Unter tausend heißer Strahlen Brand,
öffnet es die Blüte
In flüchtiger Sekunde.
Die sieht aus wie eines Irren Auge,
Wie einer Leiche rote Wangen:
Sie hab ich gesehen
In meiner Liebe.

Mein Lieb war wie des Jasmines süß duftender Schnee,
Mohnblut rann in ihren Adern,
Die kalten, marmorweißen Hände
Ruhten in ihrem Schoß
Wie Wasserlilien in dem tiefen See.
Ihr Wort fiel weich
Wie der Apfelblüte Blätter
Auf das taufeuchte Gras;
Doch gab es Stunden,
Wo es kalt und klar sich wand
Wie des Wassers steigender Strahl.
Seufzen klang in ihrem Lachen,
Jubel in ihrem Weinen;
Vor ihr mußte alles sich beugen –
Nur zwei wagten ihr zu trotzen:
Ihre eigenen Augen.

Aus der giftigen Lilie
Blendendem Kelch
Trank sie mir zu,
Ihm, der tot ist,
Und ihm, der jetzt zu ihren Füßen kniet.
Mit uns allen trank sie
– Und dann war der Blick ihr gehorsam –
Den Gelöbnisbecher nie wankender Treue
Aus der giftigen Lilie
Blendendem Kelch.

Alles ist vorbei!
Auf der schneegedeckten Fläche
In dem braunen Walde
Wächst ein einsamer Dornbusch,
Den Winden gehört sein Laub.
Eine nach der andern,
Eine nach der andern,
Tropft er die blutroten Beeren
In den weißen Schnee,
Die glühenden Beeren
In den kalten Schnee –

Kennst du Pan?

Peter sah beifallsheischend zu Julie hinüber, und sie nickte ihm freundlich zu mit Begeisterung im Blick, aber nicht wenig verwirrt; denn sie hatte die ganze Zeit, während Peter las, mit Karl geflüstert und daher kaum ein einziges Wort gehört.

Der Assessor lachte und hustete und rief: »Superb, superb, nicht wahr, Kriegsrat? Vorzüglich, in Wahrheit vorzüglich!«

Der Kriegsrat wandte sich an Peter und sagte ein wenig verlegen: »Ja, Sie müssen mich wirklich entschuldigen, aber ich konnte es, weiß Gott, nicht verstehen, es klang freilich außerordentlich schön.«

»Ja!« riefen Jesper, Mads und Paul auf einmal aus und deuteten mit ihren Armbewegungen an, daß sie eine ganze Menge über die Sache zu sagen hatten, wurden aber glücklicherweise dadurch unterbrochen, daß das Mädchen die Abendzeitung hereinbrachte. Selbstverständlich legte die Zeitung Beschlag auf aller Aufmerksamkeit; aber es gibt ja nichts, dessen man nicht schließlich überdrüssig wird, und Jesper wurde aufgefordert zu lesen. Er faltete sehr langsam sein Manuskript auseinander, sah lange finster vor sich hin und begann dann:

Ausländer

Es geschieht zuweilen, daß ein Samenkorn aus südlichen Ländern von Wind und Wellen an die nordischen Küsten hinaufgeführt wird, und zuweilen keimt es; aber die Luft ist der fremdländischen Pflanze zu kalt, das starke Riedgras hemmt es am Wachsen und überschattet es, und all die Schönheit, die es in seinem Heim mächtig entfaltet hätte, kann nur ein Forscherauge in dem verkrüppelten Stengel und den gelben, hängenden Blättern ahnen ... Zwei solcher Pflanzen will ich dir zeigen, aber willst nun du der Forscher sein, der in dem verkrüppelten Wuchs den schlanken Stamm, die grüne Fülle des Lebens und die Farbenpracht der Blüten ahnt, und ihnen so einen Schimmer des Schönheitslebens geben, das zu führen ihnen versagt wurde?

Es war in einem jütländischen Dorf (Vestervig) auf einem großen Sommermarkt. Mitten auf dem Platz stand ein Leierkastenmann, rings um ihn her bildeten Burschen und Mädchen einen Kreis, versunken in das Tonmeer, das über sie hinströmte, froh, aber mit ernsten Mienen, so wie es sich für erwachsene Leute geziemt. Einer war jedoch da, der sich ganz und offen den Tönen hingab; er summte so leise mit, schlug Takt mit dem Kopf, machte hin und wieder einen Tanzschritt und wandte sich mit frohen, verwunderten Blicken bald an den einen, bald an den andern, als wolle er sagen: »Könnt ihr denn stehen bleiben?« und ihre ruhigen Blicke antworteten ihm das bestimmteste Ja, und das schmierige Grinsen einzelner Burschen fügte sogar einen stillen Zweifel an seinem Verstand hinzu. Auf einmal gewahrte er ganz drüben auf der andern Seite ein Mädchen, das mit halbgeschlossenen Augen dastand und den Kopf im Takt wiegte. Er stürzte zu ihr hinüber, ergriff ihre Hand, und bald schwangen sie sich auf dem Grase herum. Es war keine Tanzmelodie, die gerade in diesem Augenblick erklang, aber der Tanz, den sie improvisierten, war voll Leben und Sicherheit und schloß sich so eng an die Melodie, als sei das Ganze ihnen beiden etwas Altes und Wohlbekanntes.

»Schnurrig, daß sie so tanzen mögen«, flüsterte ein ganz junges Bauermädchen einem älteren zu.

»Ach was, keiner von ihnen ist ja von ordentlichen Eltern.«

»Wieso das?«

»Ach, er ist ja im Armenhaus groß geworden, seine Mutter nannten sie Lumpengrete, und sie war wohl eine nichtswürdige Person.«

»Aber das Mädchen?«

»Du kannst doch sehen, daß sie zu den Schwarzen gehört, ihr Vater war Sergeant bei den Spaniern.«

Aber die beiden Fröhlichen, die einander gefunden hatten, wollten sich nicht trennen. Einen Monat darauf ließen sie sich trauen. Sie hatten keinen Anhang, und was sie besaßen, war nur wenig, aber doch so viel, daß ein Mann ihnen dafür eine kleine Heideecke überließ, auf der ein Hügel lag. Den Hügel richteten sie zum Hause ein; aber aus der Heide wurde niemals ein Garten, so wie sie zuerst geglaubt hatten, denn Jens wollte lieber sein Brot mit Klarinettspielen verdienen als mit Graben, und Karen wollte lieber spinnen als jäten. Hier lebten sie nun sehr glücklich, und als es wieder Sommermarkt war, zog Jens mit seiner Klarinette dahin, Karen aber mußte zu Hause bleiben, denn da war ein Drittes im Hügel, das nicht für sich selbst sorgen konnte.

Die Jahre gingen dahin, und die Kleine, Else hatten sie sie genannt, wuchs hübsch und klug heran und tummelte sich vom Morgen bis zum Abend zwischen den braunen Heidebüscheln.

Plötzlich wurde sie sehr krank, Tage und Nächte saßen die Eltern an ihrem Lager, aber die Krankheit wich nicht.

Endlich wand sie sich in dem letzten Kampf; Jens floh entsetzt hinaus, aber die Mutter betete ihr Vaterunser, und als sie merkte, daß es nicht um das flehte, was sie in diesem Augenblick allein erstrebte, so verlieh sie dem Gebet selbst Worte und betete: »Lieber Gott! ich weiß, daß du ein guter Mann bist, und wenn wir zu glücklich gewesen sind und nicht genug an dich gedacht haben, so mußt du jetzt doch nicht zu strenge gegen uns sein; nimm mein Kind nicht von mir! Kannst du es uns nicht so lassen, wie wir es hatten, so laß mich krank werden, wir Großen sollen ja getroffen werden, so triff denn uns, aber laß nicht mein unschuldiges Kind leiden!«

Aber das Kind wand sich im Todesschmerz, und die Mutter schrie in Verzweiflung: »Halt ein, lieber Gott! laß nicht die Krankheit sie so peinigen, hilf ihr, sieh, wie ihre Hände sich ballen, sieh, wie ihre Augen mich um Hilfe ansehen! O Gott, es ist unrecht von dir!«

Aber das Kind starb.

Am Tage darauf ging nun Jens zum Geistlichen und bat ihn, ob das Kind nicht auf der Heide begraben werden könne, dicht vor dem Hügel, wo es seine glücklichsten Stunden verlebt hatte, und da wolle es gewiß am liebsten liegen, in ihrer Nähe; den Kirchhof kenne es gar nicht, und dahin wollten sie es so ungern haben, zwischen lauter Fremde. Der Pfarrer suchte ihm nun begreiflich zu machen, daß der Kirchhof der einzig richtige Ort sei, wo man liegen könne, wenn man tot war, und daß die Kinder der christlichen Kirche nicht, so wie die Heiden, in ungeweihter Erde begraben werden könnten.

So bekam denn der Pfarrer seinen Willen.

Die Trauer machte es nun eine Weile finster für sie; aber sie waren jung, und das Leben bekam wieder Licht und Farbe. Sie zogen aus der Gegend fort in die Stadt, wo Jens in ein paar Tanzsälen angestellt wurde und Karen genug zu spinnen bekam.

Aber es gab doch auch Tage, wo sie zusammen auftraten, und nach diesen sehnten sie sich wie Kinder. Wenn da nämlich irgendein Fest in der Stadt war, das so recht strahlend sein sollte, so bestellte man das Paar, um Musik zu machen. Und wie ergötzlich war es da nicht für kluge Leute, den verrückten Klarinetten-Jens seiner Frau verliebte und bewundernde Blicke zuwerfen zu sehen, während seine Finger über die Löcher des Instruments hinschlüpften, als seien es die Saiten einer Mandoline, die sie behandelten, und wie unendlich komisch war es nicht, Karen, eine verheiratete Frau, ein ungeheures Tamburin schütteln und schwingen und schlagen zu sehen, und endlich welch eine ungeheure Masse Einfälle waren da allmählich nicht im Laufe der Jahre zu erinnern und zu wiederholen, denn kein Witz wurde vergessen, und Jens und Karen fuhren fort aufzutreten, als ihr Haar schon lange angefangen hatte zu ergrauen.

Aber zum zweitenmal wollte der Tod ihr Haus heimsuchen, und er sandte seinen Diener Krankheit, um ihm den Weg zu bereiten.

Karen war krank, sehr krank, und Jens saß bei ihr, wenn er nicht aus war, um Rat zu suchen; denn alles, was in einem Umkreis von mehreren Meilen Doktor, kluge Frau und kluger Mann hieß, holte er an das Lager der Kranken, und indem er ihnen alles versprach, was er besaß, flehte er sie auf den Knieen an, Karen gesund zu machen.

Aber Karen starb.

Der Abend war mild und still. Jens holte das Tamburin, legte es in die Hände der Toten, nahm dann seine Klarinette und spielte die Melodien, die sie am meisten geliebt hatte; zuerst spielte er ein kleines Lied, und die Worte umtönten ihn so schwer und wehmütig:

>>Es war ein Samstagabend,
Ich wartete auf dich,
Du sagtest, du wolltst kommen,
Und ließest mich im Stich.<<

Dann spielte er den sonderbaren Tanz, den sie immer hören wollte, nach dem die Bauern aber niemals tanzen wollten, weil er nichts Vernünftigem gleiche, wie sie sagten.

Aber die Nachbarin hörte die Musik da drinnen bei der Leiche; sie kam gleich zu Jens herein, und mit dem ganzen Pathos des Ärgernisses rief sie: >>Was bist du doch für ein Mensch! sitzest du nicht da und spielst Tänze an der Leiche deiner Frau!<<

Jens sah sie verwundert an.

>>Hinaus mit dir! Weder vor Gott noch vor den Menschen kann ich es verantworten, dich hier bei der Leiche zu lassen!<<

Und Jens ging hinaus und trank sich einen Rausch an. Aber das war das erste, was man verstehen konnte von allem, was er getan hatte, und die Leute sagten, der verrückte Klarinetten-Jens sei klug geworden, als seine törichte Frau starb.

Aber Jens fuhr fort zu trinken.

Es ward sehr still im Zimmer, was Julie und Karl sehr in Verlegenheit versetzte, da sie nicht wußten weshalb. Karl wollte etwas sagen, wußte aber nicht was; – da stieß er denn eine Obstschale um, und lachend tummelte die ganze Gesellschaft umher nach rollenden Äpfeln und hüpfenden Walnüssen. Jetzt sollte Paul etwas hören lassen; er trank drei Gläser Wasser und trug dann vor:

Gurrelieder

I

Waldemar

> Die bläuliche Dämmerung dämpfet
> Die Töne von Meer und Land,
> Die fliegenden Wolken versinken
> Zur Ruhe am Himmelsrand.
>
> In stiller Last gesammelt
> Des Waldes Luftbereich liegt,
> Das Meer hat seine Wellen
> Jetzt selbst zur Ruh gewiegt.
> Im Westen wirft die Sonne
> Die strahlende Purpurtracht,
> Dann sinkt sie unter die Welle
> Und träumt von des Tages Pracht.
> Es rührt sich nicht ein Blättchen
> Und ruft mich zu sich hin.
> Es klingen keine Töne
> Und wiegen im Tanz den Sinn –
> Nein, alle Mächte sanken
> Zu eigener Träume Glück
> Und führen sanft und milde
> Mich zu mir selbst zurück.

II

Tove

> Spielen Mondesstrahlen sanft und milde,
> Schweigen um mich träumend die Gefilde,
> Sind mir Wasser nicht des Meeres Schäume,
> Dunkle, stille Wälder keine Bäume,
> Wolken seh ich nicht am Himmel schwellen,
> Hügel sind mir nicht der Erde Wellen,

Form und Farbe in dem großen Raum
Werden mir zum Bild von Gottes Traum.

III

Waldemar

Fort, mein Zelter, darfst nicht träumen!
Nein, ich seh die Nüstern schäumen, Deine Hufe eilen
hurtig.
Schneller ich es doch verlange,
Bist noch mitten in dem Walde,
Und ich wartete dich lange
Schon beim Tor von Gurreburg.
Offne Felder, schon erblick ich meiner Tove schönes
Bauer,
Und der Wald, den wir verließen, droht als eine dunkle
Mauer.

Immer wilder sollst du jagen!
Sieh, wie sich die Schatten recken
Über Felder, über Moor.
Eh sie sich nach Gurre strecken,
Müssen wir bei Tove sein.
Eh der Ton, den wir vernehmen,
Für die Ewigkeit verklingt,
Muß die kleine Hängebrücke
Unter deinem Hufschlag zittern.
Eh das lose Blatt
Sinket in den Bach,
Ruf dein helles Wiehern
Gurres Wächter wach.
Schatten kam und Ton erstarb,
Blatt im Bach verschwand,
Wolmer Tove fand!

IV

Tove

Sterne jubeln, Wogen leuchten,
Drücken das klopfende Herz an die Küste,
Blätter summen, Tropfen tanzen,
Fröhlich umfächelt der Wind meine Brüste.
Windfahnen knarren, und Türme selbst nicken,
Burschen stolzieren mit flammenden Blicken,
Dirnen versuchen vergebens zu dämpfen
Schwellende Busen, die unruhig kämpfen.
Rosen auch sehn unter dunkelen Brauen,
Fackeln erleichtern das schwierige Schauen.
Wälder erschließen den Schoß,
Hundegebell in dem Schloß.
Stetig sich nähernde Wellen des Steges
Wiegen den mutigen Reiter zum Land,
Und diese letzte Steigung des Weges
Wirft ihn zu mir an den gastlichen Strand.

V
Die Begegnung

Waldemar

Nicht tanzen die Engel so schön für den Herrn,
Wie jetzt die Welt tanzt für mich,
Nicht jubeln für ihn sie so laut und so gern,
Wie Waldemars Herzschlag für dich.
Doch stolzer auch setzte sich nicht Jesus Christ
Zum Herren und ruhte vom Streite,
Als Wolmer, vergessend den Kummer und Zwist,
Sich setzte an Toveleins Seite.
Nicht stärker verlangen zum himmlischen Heer
Auf Erden der Heiligen Sinne,
Als Waldemar, wie er von wogendem Meer
Sah Gurres goldschimmernde Zinne.

Doch nicht will ich fliehen den friedlichen Hang,
Die Perle, die heimlich hier wohnt.
Wenn mich auch der Glanz und der tönende Klang
Des Himmelreichs dafür belohnt.

Tove

Jetzt sage ich dir zum erstenmal:
»O König, ich liebe dich.«
Jetzt küsse ich dich zum erstenmal
Und schlinge den Arm um dich.
Und sagst du, ich hätte das schon gesagt.
Und daß dich mein Mund schon fand,
Dann sag ich: »Der König, er ist ein Narr,
Er denkt an den eitelsten Tand.«
Und sagst du, ich selber sei gleicher Narr,
Dann sag ich: »Der König hat recht«,
Doch antwortest du, daß ich nicht es sei,
Dann sag ich: »Der König ist schlecht.«
Denn alle meine Rosen hab ich tot geküßt
Und dachte immer an dich.

Waldemar

Es ist Mitternacht,
Und unselge Geschlechter
Entsteigen den versunknen Gräbern
Und sie starren voll Sehnsucht
Auf die Kerzen der Burg und der Hütte Licht,
Und spottend schüttelt
Der Wind auf sie nieder
Harfenschlag und Becherklang
Und Liebesweisen.
Und schwindend sie seufzen:
»Unsere Zeit ist vorbei!«
Auf lebenden Wogen wiegt sich mein Haupt,
Eines Herzens Schlag fühlt die Hand,
Lebenschwellend strömt zu mir nieder
Glühender Küsse Purpurregen.

Und meine Lippe jubelt:
»Meine Zeit ist es jetzt!«
Doch flüchtet die Zeit,
Und umgehen werde ich
Zur Mitternachtsstunde
Einmal als Toter,
Eng werde ich mich in das Leichentuch hüllen
Gegen die kalten Winde,
Beim späten Monde vorwärts schleichen
Und schmerzgebunden
In den Moder ritzen
Mit schwarzem Grabkreuz
Deinen Namen
Und sinkend seufzen:
»Unsere Zeit ist vorbei!«

Tove

Du sendest mir einen Liebesblick
Und senkst dann das Auge,
Doch drückt der Blick deine Hand in meine.
Es stirbt der Druck;
Doch als liebeweckenden Kuß
Legst du auf meine Lippe meinen Handdruck.
Einen Seufzer hast du für den Tod,
Wenn ein Blick entstehen kann
Wie ein flammender Kuß!

Die leuchtenden Sterne am Himmel dort
Erbleichen am Morgen,
Doch flammen sie in jeder Mitternacht
In ewiger Pracht.
– So kurz ist der Tod
Wie ruhiger Schlummer
Von Abend zu Morgen,
Und wenn du erwachst,
Bei dir auf dem Lager
In neuer Schönheit
Du strahlen siehst

Deine junge Braut.
So laß uns jetzt leeren
Den goldenen Kelch
Für den mächtig verschönenden Tod;
Denn wir gehen zu Grabe
Wie ein Lächeln, das stirbt
Für seligen Kuß.

Waldemar

Du wunderschöne Tove!
So reich bei dir bin ich jetzt,
Daß nicht einen Wunsch ich mehr habe.
Die Brust ist so leicht,
Das Hirn ist so klar,
Ein wacher Friede füllt meine Seele.
Es ist so still in mir.
So seltsam still.
Die Lippe will bauen die Brücke des Worts,
Doch sinkt sie wieder in Ruhe;
Denn ich bin es selbst, der schlug mein Brust

Bei deines Herzens Schlag,
So wie mein Atemzug,
Hob, Tove, deinen Busen.
Und unsere Gedanken
Gleiten entstehend zusammen,
Wie Wolken, die sich treffen
Und in wechselnden Formen zusammen sich wiegen.
Und meine Seele ist still,
Ich seh in dein Auge und schweige,
Du wunderschöne Tove.

VI
Der Waldtaube Lied

Gurretauben! Schmerz mich drücket,
Auf meinem Fluge gesammelt –

Kommt und lauscht!
Tot ist Tove! Nacht auf ihrem Auge,
Das der Tag des Königs war.
Still ist jetzt ihr Herz,
Doch des Königs woget wild,
Tot und dennoch wild,
Seltsam gleich Boot auf Woge,
Wenn die – die zu umfangen die Planken sich
krümmten,
Des Nachens Führerin – tot liegt, umhüllt von der
Tiefe Tang.

Niemand bringt ihr Botschaft
In weglose Tiefe.
Wie doppelte Ströme waren ihren Gedanken,
Ströme, die Seite an Seite flossen,
Wo rinnen jetzt Toves Gedanken? Die ihres Königs sich
seltsam verkrümmen,
Suchen Toves,
Finden sie nicht!
Weitum fuhr ich; Schmerz mich suchte, viel ich sah!
Sah auf des Königs Schultern den Sarg,
Henning ihn stützte;
Schwarz die Nacht, eine einzige Fackel
Hellte die Gasse,
Hoch auf dem Söller hielt sie die Königin,
Rache sie übte.
Tränen, die sie nicht weinen wollte,
Funkelten im Blick.
Weitum fuhr ich, Schmerz mich suchte, viel ich sah!
Sah im Bauernwams den König
Fahren den Sarg,
Und der sieggewohnte Zelter
Mußte ihn ziehen.
Irre wankt des Königs Auge,
Sucht einen Blick,
Seltsam lauscht des Königs Herz
Nach einem Wort.
Henning sprach ein Wort zum König,

Herz und Auge suchte dennoch.
Toves Sarg der König öffnet,
Starrt und lauscht mit bebender Lippe,
Tove ist still.
Weitum fuhr ich, Schmerz mich suchte, viel ich sah!
Nach dem Seile griff der Mönch,
Tagesende einzuläuten,
Als den Fahrer er gewahrte,
Sprach zu ihm des Kummers Rune:

Und die Sonne sank beim Klange,
Der der Erde Toten läutet:
Weitum fuhr ich, Schmerz mich suchte, Tod dazu.
Helwigs Falk
Im Königshofe
Gurres Taube schlug.

VII

Waldemar

Herr, und weißt du, was du tatest,
Als du Tove von mir nahmst?
Weißt du, daß du meine letzte
Freistatt mir zu rauben kamst?
Herr, errötest du nicht vor Scham,
Es war des Armen einziges Lamm!

Herr, wie du bin ich ein Herrscher,
Lernte doch als König nicht,
Meinem Untertan zu nehmen
Letzten Strahl vom Sonnenlicht,
Herr, du handeltest nicht recht.
So vernichtest du, herrschst, aber schlecht.

Herr, die Heere deiner Engel
Füllen dir das Ohr mit Preis,
Wenn du Tadel brauchst, so hast du

Niemand, der zu tadeln weiß.
Ach, und niemand ist immer klar,
Herr, so nimm mich jetzt als deinen Narr.

VIII
Die wilde Jagd

Waldemar

Auf, ihr König Waldemars Mannen,
Schwerter sollt an die Lenden ihr spannen,
Holt aus der Kirche den staubigen Schild,
Zeichen ihn schmücken von Troll und von Wild,
Ruhende Pferde erwecken ihr sollt,
Drückt in die Flanken die Sporen aus Gold,
Sprenget nach Gurrestadt,
Mittnacht geschlagen hat.

Lied des Bauern

Klapp, des Sarges Deckel schlug!
Nächtlich dröhnt der schwere Zug,
Berstend schwellen Rasensoden,
Goldgeklirr auf Wiesenboden,
Klirren und Klappern im tiefen Verlies,
Poltern und Werfen von altem Kies,
Selbst bei dem Friedhof herrscht keine Ruh,
Auf geht die Kirchtür, schlägt wieder zu,
Unheimlich klingt der Dohlen Geschrei –
Unter die Decke; jetzt zog es vorbei.

Ich schlage drei Kreuze des heiligen Herrn
Für Haus und Vieh, für nah und fern,
Drei Male nenn ich des Heilandes Namen,
Dann schaden sie nicht auf dem Acker dem Samen,
Ein Kreuz das Glied beschützen soll,
Wo Blut des Heilands Leib entquoll,
Dann bleib von Elfenschuß ich frei,

Von Alpdruck und von Zauberei;
Verwahr zuletzt die Tür mit Stein,
Dann können dem Haus sie nicht schädlich sein.

Waldemars Mannen

Ein Gruß sei, König, dir dargebracht!
Am Gurresee tobt jetzt die Jagd.
Von stranglosem Bogen wir Pfeile schicken,
Mit Augen zielend, die nicht mehr blicken,
Und schlagen mit Wunden des Hirschen Schatten,
Das Wasser sickert wie Blut auf die Matten.
Walraben trug
Der schwarze Zug,
Und Blätter umschäumen des Pferdes Bug.
So werden wir jagen, hat mancher gesagt,
Bis zu des Jüngsten Tages Jagd.
Holla Pferd, und holla Hunde,
Haltet ein für kurze Stunde!
Hier das Schloß wie es immer war;
Lokis Hafer freß das Pferd,
Ruhm ist dem Manne als Kost nur gewährt.

Waldemar

Toves Stimme klingt aus dem Walde,
Toves Auge glänzt aus den Wellen,
Sterne leuchten mit Toves Lächeln,
Wie ihr Busen Wolken schwellen.
Sie zu ergreifen jagen die Sinne,
Sie zu erfassen müht sich das Hirn.
Doch Tove ist hier und Tove ist dort,
Tove ist nah und an fernem Ort.
Bist du gebunden mit Zaubermacht,
Tove, in Wellen und Waldespracht?
Soll dich Wolmer überall wähnen?
Tove, er vergeht ja vor Sehnen.

Klaus Narr

»Seltsam ist der Vogel Aal,
Will ja im Wasser sein,
Krümmt sich aufs Land für kurze Zeit
Oft doch im Mondenschein.«
Um andre oft dies Lied erklang.
Jetzt paßt auf mich der eigne Sang.
Ich bin nur ein Häusler jetzt, und mein Haus ist klein,
Obgleich ich nicht lud einen Gast, lebte ganz allein.
Fraß man mich halb doch hinaus aus meinem Häus-
chen klein;
Wenig kann ich bieten, gern doch soll es sein.
Doch meine Nachtruh gäb ich dem,
Der das mich läßt verstehen,
Weshalb ich stets zur Mitternacht
Ums Wasserloch muß gehen.
Daß Erik Paa und Palle Glob
Es müssen, findet wohl mein Lob:
Sie waren keine Frommen,
Sie würfeln jetzt, obgleich zu Pferd,
Um kühlsten Platz und weit vom Herd,
Wenn sie zur Hölle kommen.
Der König, welcher toll sich läuft bei nächtlichdunklen
Zeiten
Und nach dem Mädchen ruft, das vor Jahr und Tag
Mit Engeln und mit Gänsen flog, er muß gewißlich rei-
ten,
Denn er war allzu roh aufrichtig,
Und man muß sein höchst vorsichtig
Und nehmen sich mächtig in acht,
Wenn Narr man ist bei solcher Macht,
Wie die, die hinterm Monde wohnt.
Doch daß ich, Klaus Narr zu Farum,
Ich, der glaubte, daß den Toten
Leiblich wandern war verboten,
Daß den Geist auch hielt das Linnen,
So daß ruhig man sein Sinnen
Könnte sammeln zu dem großen

Hoffest, von dem Knud gesagt,
Daß es öffnen Goldposaunen,
Wo wir Guten wohl mit Macht
Böse fressen wie Kapaunen,
Ach, mir wurde ja befohlen,
Rücklings auf dem tollen Fohlen
Umzuhumpeln, während alle schon im Bett ...
Ich würde mich hängen, wärs nicht schon zu spät –
O, doch wie süß wird es schmecken gewiß,
Bin ich dann endlich im Paradies.
Wohl habe ich mehr als die meisten gesündigt,
Doch wird wohl auch mir Verzeihung verkündigt:
Denn wer gab Kleider der nackten Wahrheit,
Wer nahm ihr Prügel in Dunkel und Klarheit?
Ja – falls es dort oben Gerechtigkeit gibt –
Ein Platz mir im himmlischen Saale wird ...
Na, werde ich dann verleumden den Wirt!

Waldemar

Jetzt lachst du dort oben,
Gestrenger Richter,
Doch denk beim Jüngsten Gericht daran,
Du Liebesvernichter:
Eins ist die Seele von Weib und Mann.
Ein Ganzes kannst du nicht zerreißen,
Mir Hölle und ihr das Glück verheißen.
Denn dann hab ich Macht,
Zerstreu dann deine Engelwacht
Und spreng mit meiner wilden Jagd
Ins Himmelreich hinein.

Waldemars Mannen

Krähend hebt jetzt der Hahn seinen Kopf,
Hat schon Tag im Leibe,
Und von den Schwertern tröpfelt rot
Von Rost der Morgentau.
Unsere Zeit ist vorbei!

Offnen Mundes das Grab uns ruft,
Und lichtscheuen Schrecken saugt die Erde.
Sinket, sinket!
Leben kommt mit Macht und Glanz,
Mit Taten und klopfenden Herzen,
Für uns der Tod,
Kummer und Tod,
Schmerzen und Tod.
Ins Grab! Ins Grab! Zu traumesschwangrer Ruh –
O, könnten wir Frieden finden.

IX
Des Sommerwindes wilde Jagd

Stolz Heinrich und Frau Gänsekraut, nehmt euch nur in acht!
Jetzt beginnt des Sommerwindes wildernde Jagd:
Silbern glitzert im See seine Spur,
Bang verlassen den Schilfwald die Mücken,
Schlimm ist das, erwartets nur!
Hu, wie lachen Blätterlücken!
Zieh das Grüne um das Kinn!
Leuchtkäfer sind dort, die Zungen rot!
Und Nebel, das ist eine Wolke, die tot.
Welches Wogen und Ringen,
Welches Wiegen und Singen:
Goldähren im Kornfeld schlägt der schlaffe Wind
Aneinander, daß es klingt;
Spinnen spielen auf dem Saitennetz geschwind
Mit dem langen Bein, daß es springt.
Klingend rollen die Tropfen nieder,
Sternschnuppen leuchten am Himmel wieder,
Schmetterlinge suchen der Hecke Dach,
Weit hinaus springt der Fisch in den Bach.
– Still! wie deutest du sein Tun?
Jedes welke Blatt er dreht.
Ach, nach Frühlingsglanz er späht:
Junger blauweißer Blumenherde,

Flüchtgem Sommertraum der Erde.
Längst ist der tot.
Doch jetzt nimmt er den Lauf
Zu den Bäumen hinauf.
Wieder jung, glaubt der Tor,
Sei der traumfeine Flor,
Und will sie belohnen
Mit dem seltsamen Singen
In den laubreichen Kronen.
– Seht jetzt! Jetzt geht er seinen Weg,
Er wirbelt auf dem luftigen Steg,
Zum blanken Schild des Sees,
Und dort in vieler Wellen Tanz,
In bleicher Sterne Widerglanz
Wird er zur Ruh gewiegt.
Jetzt weht es nicht!
Ach, war es licht!
O schwing, Marienkäfer, schwing dich von dem Blu-
menleibe
Und bitt um holden Sonnenschein bei deinem holden
Weibe.
Schon sprüht die Brandung Klippen naß,
Schon zieht die Schnecke durch das Gras,
Im Wald erwacht die Vogelschar,
Die Blume schüttelt Tau vom Haar
Und späht nach Sonne aus.
Auf, erwacht jetzt, alle Blüten,
Sonnenlicht will euch behüten!
Schon die ersten Farbensäume
Grüßen seine Morgenträume!
Aus der Nacht, die sie gebar.
Lächelnd sie ersteht,
Reiches, lichtes Strahlenhaar
Ihre Stirn umweht.

»Ohne Kritik zu dem Nächsten!« rief der Kriegsrat.

Mads zog ein sehr dickes Bündel Papiere hervor, und aus vieler-
lei Fetzen von sehr ungleicher Größe und Farbe las er:

Kormak und Stengerde

Der Kormak, von dem hier erzählt werden soll, war der Sohn von Ogmund, Kormaks Sohn, und wohnte zu der Zeit, zu der die Erzählung beginnt, am Midfjord auf Island mit seinem Bruder Thorgils bei Dalla, ihrer Mutter. Agmund war damals gestorben, und Dalla bewirtschaftete den Hof, da sie aber alt war, so lastete der Betrieb hauptsächlich auf den Söhnen.

Thorgils, der Ältere, war schweigsam und verschlossen, hatte den rechten Griff für die Arbeit und auch Lust dazu, wurde hierin auch nicht von Kormak gehindert, der lieber an dem Brettspiel saß, als Vieh großzog, lieber mit Frauen sprach als mit Knechten und mehr daran dachte, was entschwundene Zeiten an Sagen und Liedern gebracht hatten, als was die kommenden an Ertrag und Fang bringen würden. Er war überhaupt anders als die meisten Leute zu jener Zeit, und von ihm galt in Wahrheit das Wort, daß er den Frieden nur als Mangel an Streit und schlichte Worte als Mißwuchs in Liedern kannte.

Eines Tages geschah es, daß Thorgils ihn bat, in die Berge zu gehen, um einige weggelaufene Hammel zu suchen. Kormak ging und kam zur Schlafenszeit nach Gnupsdal. Er wurde gut aufgenommen und in eine große Stube geführt, wo ein Feuer brannte. Davor setzte er sich hin und sah in die Flammen hinein, während er ein altes Lied vor sich hinsummte. Wie er nun so dasaß, ging Stengerde, die Tochter von Thorkel auf Tunge, der sie zur Erziehung hierhergesandt hatte, mit ihrer Magd an der Stube vorüber. Sie sahen, daß es hell da drinnen war, und die Magd sagte:

»Was für Fremde mögen das sein? Gelüstet es dich nicht, einmal nachzusehen?«

Stengerde antwortete, sie habe schon früher Leute gesehen. Trotzdem ging sie an eine Luke, die zu einer dunklen Ecke in der Stube führte und von außen geöffnet werden konnte. Sie sah hinein, und obwohl sie sehr gut wußte, daß man sie nicht sehen konnte, ward sie doch bange davor und trat von der Luke weg. Die Magd sah nun hinein und sagte: »Wenig Ergötzliches ist hier zu sehen; aber bist du nicht bange vor ihm, so wäre es doch immerhin ein

Zeitvertreib, wenn du mit ihm scherztest; er reitet sicher morgen wieder fort und kommt dir wahrscheinlich nie wieder vor die Augen.«

Stengerde sah hinein: »Der Mann ist schön.«

Die Magd erwiderte: »Mir deucht er häßlich und schwarz.«

»Wenig verstehst du dich auf Schönheit«, sprach Stengerde erzürnt.

Kormak hatte ihre Rede gehört, erhob den Kopf und sang:

> »Mancher Mädchenmund
> Rühmte Kormak schon.
> Jetzt glaubt er zu gleichen
> Odins jüngstem Sohn;
> Solche schöne Stimme
> Muß von Freya quellen.
> Die am besten kann
> Schönheitsurteil fällen.«

Stengerde sprach: »Es ist doch ein Fehler, daß dir das Haar in die Augen hängt.«

Kormak sang:

> »Heidekraut des Scheitels
> Deckt des Denkens Feld,
> Zweier Nattern Höhlen
> Es verborgen hält,
> Daß sie nicht umspannen
> Junger Mägde Herzen
> Und in ihnen zünden
> Kranker Liebe Schmerzen.«

Stengerde sagte nun: »Schöner bist du als die meisten und gewandt in der Wahl der Worte; indes Schönheit und schöne Worte sind doch nur wenig.«

Hierzu sang Kormak:

»Deinen Busen fürcht ich
Mehr als Sturmes Harm,
Mehr als Druck von Schilden,
Jungfrau, deinen Arm,
Mehr als Wogendröhnen,
Deinen Laut, den klaren,
Und dein lichtes Auge
Mehr als Spukgefahren.«

Stengerde ergriff das Wort: »Sehr furchtsam mußt du sein, wenn du fürchten kannst, was du niemals gesehen hast und niemals zu sehen bekommen wirst.« Damit wollte sie sich von der Luke entfernen; da aber sang Kormak:

»Fackeln will ich nehmen,
Deinen Leib zu sehn,
Denn bei seinem Leuchten
Wird der Brand vergehn.
Doch für mich wird niemals
Dunkle Nacht mehr grauen.
Denn die schöne Jungfrau
Werd ich immer schauen.«

»Es dürfte wohl anders werden«, sagte Stengerde und entfernte sich von der Luke; aber Kormak machte sich ein brennendes Scheit zurecht und sang:

»Schönheit barg sich niemals
Noch vor hellem Licht,
Dunklen Schlupf nur suchen
Riese, Troll und Wicht.
Doch hat eine Hexe
Zauberei getrieben.
Glücklich wäre Kormak,
Wär er heimgeblieben!«

Darauf nahm er das brennende Scheit und trat vor die Luke; aber Stengerde hatte das Lied gehört und war dahin gegangen, und als Kormak kam, stand sie in der Luke vor ihm: ihre Lippen bebten, doch der Busen wogte ruhig, ihre Wangen glühten, doch der Blick war scharf, wenn auch das Weinen nicht fern war. Aber Kormak ließ das brennende Scheit fallen und sagte: »Eben wurde Kormaks Zukunft geboren.«

In jener Nacht gewann der Schlaf nur wenig Macht über zweie auf Gnupsdal, am wenigsten über Kormak, denn alle seine Gedanken strebten vorwärts und bauten an seinem Schicksal; aber wenn sie es aus Glück und schimmernden Hoffnungen zusammengefügt hatten und Kormak sich so recht an seiner Wunderlichkeit erfreuen wollte, da fuhren sie mit dem Glück von dannen und löschten eine Hoffnung nach der andern aus, so daß nur eitel Leere und Finsternis zurückblieb. So verging denn die Nacht, aber gegen Morgen wurde er ruhiger, und nach dem Morgenimbiß ging er hinaus.

Stengerde sah ihn von der Frauenstube aus und sprach zu ihm hinab: »Reitet Ihr jetzt von Gnupsdal fort?«

»Lieber bliebe ich und spielte Brettspiel mit Euch!« antwortete Kormak.

»Dem Gast muß man zu Willen sein«, sprach Stengerde.

So setzten sie sich denn an das Brettspiel in die gute Stube. Sie spielten eine Stunde schweigend.

»Eine holde Begegnung«, begann Kormak, »hatte ich gestern in dieser Stube; aber kurz nur währte sie, doch war das meine eigene Schuld.«

»Wie schiedet Ihr denn?«

»Das ists ja, was ich nicht weiß; sie ging wohl im Zorn.«

»Es war eine Frau – Frauenzorn ist wie Sommerfrost, er währt eine Nacht, und dann ist er vorbei.«

»Aber der Sommerfrost kann die Schößlinge töten, die liebliche Blumen und reiche Frucht hätten tragen können.«

»Das geschieht wohl; ist aber der Tag milde und warm, so macht er den Schaden der Nacht wohl wieder gut.«

»Aber die Pflanze bekommt doch nie wieder richtiges Wachstum.«

»Oft gedeiht gerade das am allerbesten, dem übel mitgespielt wird, solange es noch jung ist.«

»Aber, Stengerde, wenn da nun keine Schößlinge waren?«

»Dann erlitt nichts Schaden.«

»Stengerde! waren da Schößlinge?«

»Es ist ja Sommer!«

»Werden sie gedeihen?«

»Wenn sie gut gehütet werden!«

»Werden sie gut gehütet werden?«

»Das wird der Tag zeigen.«

»Dann ist Kormak nicht ängstlich.«

Damit nahm er Abschied und ritt an den Midfjord; aber es verlautet nichts darüber, ob Thorgils seine Hammel wiederbekam.

Kormak kam nun oft nach Gnupsdal. Dies kam unter die Leute und gelangte zu Thorkel auf Tunge. Er war nur wenig erfreut darüber und nahm Stengerde heim. Nun währt es eine Weile, bis sie sich wiedersehen; endlich wird es Kormak zu lange, und er reitet nach Tunge.

Als er nun des Weges daherkommt, steht Stengerde im Krautgarten und neckt ihre Hühner mit Blumen, die sie vom Erdwall abreißt. Kormak schleicht sich darunter und fängt mit der Hand einen großen Haufen von den Blumen auf, die sie hinüberwirft.

Er singt:

> »Schöne Blumenwelle
> Übertrat den Deich,
> Dem der Gruß gegolten,
> Muß sich fühlen reich.
> Hinterm Deiche sei er,
> Will er mehr erlangen,
> Süße Lippenbeeren,
> Augenblumen fangen.«

Darauf sprang er über den Erdwall; aber Stengerde hatte sich hinter einen Holunderbusch verborgen. Kormak sah lange nach ihr; da lachte sie und rief: »Du hättest mit dem Singen warten sollen, bis du über den Wall gekommen warst.«

Sie sprachen lange miteinander; dann sagte Stengerde: »Gehst du jetzt zu Thorkel hinein?«

»Es gibt solche, die mich lieber sehen als er«, antwortete Kormak.

»Dennoch mußt du mit ihm reden, denn er ist der, so über mich herrschet«, sagte Stengerde und sah Kormak fest an.

Er verstand den Gedanken, der den Blick getragen hatte; der verursachte ihm Schmerz. Er stand hastig auf, ging zu Thorkel hinein, freiete, wie es Sitte war, und alsdann einigten sie sich wohl darüber.

Nun sagte er zu Stengerde die Worte, daß es ihm scheinen wolle, als habe er bisher jenseits des Erdwalls gesungen und sei erst heute hinübergekommen; aber noch immer sähe er sie nicht. Und so ritt er denn wieder heim.

Am Midfjord sagte er alsdann, daß er mit Thorkel geredet habe. Das war nicht recht nach ihrem Sinn. Dalla sagte ihm, daß er und Stengerde nur wenig zueinander paßten, und Thorgils meinte, es sei viel zu früh, um sich zu binden. Kormak hörte das an und bat dann Thorgils nach Tunge zu reiten und alles zwischen Thorkel und ihm zu bereden. Er selber nimmt sich nun des Gehöfts an, ist immer im Felde bei der Arbeit, redet wenig und singt niemals, und allen, die ihn kennen, ist es, als sei er ein ganz anderer geworden.

So vergeht die Zeit, und es ist nicht mehr lange bis zur Hochzeit.

Da geschieht es eines Nachts, daß große Wärme in der Luft ist, und Kormak legt sich oben auf den Heuboden, um kühl zu schlafen.

Was nun über ihn gekommen ist, ob er von irrleitenden Träumen heimgesucht ist, oder ob böse Geister ihm Schaden zugefügt haben, wird nicht leicht zu ergründen sein; aber das ist fast zu glauben nach dem wunderlichen Gesang, den er zuweilen, wenn sein Sinn schwer war, Thorgils hören ließ.

Dies ist nun der Anfang des Liedes:

»In der engen Luke
Hielten Augen Wacht,
Sahen Bäche glänzen
In der lauen Nacht.
Schauten Nebelwellen
An den Wiesen nagen,
Und in weiter Ferne
Gnupdals Berge ragen.

Namenloses Schweigen
War in meiner Brust,
Drin das Herz, ein Zwerglein,
Kannte keine Lust;
Alle die Gedanken
Lagen dunstgebunden,
Jeder reichen Hoffnung
Feuer war geschwunden.

Doch jetzt wankt mein Auge
Auf bekanntem Steg:
Büsche, die es gleitend
Traf auf seinem Weg,
Waren Liebeszeichen,
Die noch nicht geschwunden;
Und der reichen Hoffnung
Feuer war gefunden.

Meine Gnupdalslieder
Klangen mir im Sinn:
›Liebesflug wir fliegen
Nicht zum Ziele hin,
Unter Freyas Decke
Wir auf Schwingen weilen,
Alle Jubeltöne
Uns entgegeneilen.‹

Antwort kam von Tunge
Schwer mir in den Sinn:
›Liebesflug wir fliegen

Zu dem Ziele hin,
Jubelnd Freyas Decke
Ich mit dir durchgleite.
Weil das Glück uns winket
Auf der andern Seite.‹«

Und dann folgen Verse, deren sich nur wenige ganz erinnern und
die niemand völlig erfaßt, aber *eines* scheinen sie doch alle zu mel-
den: daß er entweder träumte oder sich einbildete, er sähe Stenger-
de in ihrer ganzen Schönheit, und daß sein Blut heiß aufwallte, so
daß er sie kränkte, und dann glitt der Traum oder das Gesicht von
ihm, und die Reue senkte sich auf ihn hinab, und er ward so son-
derbar und benommen, daß er sich Stengerdes Züge nicht entsinnen
konnte, wieviel er auch daran dachte.

Wie dem auch sein mag, das ist gewiß, daß er viele Nächte und
Tage auf Bergen und in den Lavawüsten umherstreifte, und als er
wieder heimkehrte, gebärdete er sich wie jemand, der seiner Sinne
nur halb mächtig war. Sowohl Leiden als auch Nachdenken waren
wie durch Zauber von ihm genommen, und erst nach Wochen ward
er wieder ein Mann.

In die Tage, während welcher er irre in den Bergen umher-
schweifte, fällt die Hochzeit; aber es kommt kein Bräutigam weder
den ersten noch den zweiten Tag, und darüber war nun Stengerdes
ganze Sippe einig, daß dies eine große Schmach war, die man ihnen
allen wie auch ihr angetan hatte.

Zu jener Zeit saß am Hrutafjord ein Mann Namens Holmgangs-
Berse als Witwer. Berses Umgang war nur wenig gesucht, denn so
heftig und streitlustig war er, daß nur allein, wenn man mit ihm
sprach, es war, als umfriedige man einen Platz zum Kampf. Von der
Skaldenkunst gefielen ihm nur Schmähweisen, und die Gesetze
betrachtete er nur als unsinnige Gebräuche, die sich der Lust der
Menschen in den Weg legten. Dem ließ Thorkel Stengerde anbieten,
und da er wußte, daß Kormak sie hatte haben sollen, meinte er, daß
der Schmuck, der einem Mann aus den Händen geglitten war, in
eines andern Mannes Hand einen üblen Schein haben würde, und
so wurde denn der Handel abgeschlossen, und die Hochzeit fand
statt.

Aber Tod und Heirat sind Sprengelgerüchte, und liebende Herzen sind allemal Nachbarn, so konnte denn diese Sache nicht unbemerkt an Kormak vorübergehen. Er stand gerade da und besserte eine Lehmwand aus, als es ihm vermeldet wurde. Eine Weile setzte er die Arbeit fort, aber auf einmal stemmte er beide Hände gegen die Wand und drückte sie ein, dann kehrte er sich dem zu, der das Gerücht überbracht hatte, und sang:

> »Nicht ist Zeit zu bessern
> Jetzt zerrißnes Haus,
> Kormaks Glück, das schöne,
> Sank in wirren Graus.
> Wenig gibt es Freude,
> Warm bei Wand zu weilen,
> Während draußen Räuber,
> Mit der Beute eilen.«

Thorgils kam herzu und sprach, jetzt müßten sie wohl ihre Schwerter hervorholen, da Kormak seinen Gesang wiedergefunden habe. Kormak sang:

> »Wohl in jedem Winkel
> Ruhte diese Mär,
> Müde von dem Kummer,
> Den sie trug umher.
> Jetzt auf flinken Fohlen
> Müssen schnell wir fahren.
> Und die schon versäumte
> Zeit zusammensparen.«

So ritten sie denn mit großem Gefolge nach Tunge. Aber Berse saß schon wohlbehalten mit Stengerde auf seinem Gehöft. Da sang Kormak:

> »Berse wird umfangen
> Lichte Maid mit Lust,
> Mich wird schwarzer Kummer
> Drücken an die Brust,
> Schön wird ihre Stimme

Seinen Sinn betören,
Häßlich muß ich später
Reue Stimme hören.«

Dann ritten sie wieder nach Hause.

Wie Berse vermutet hatte, brachte ihm Stengerde eine große Mitgift von Streit, und nun folgt viel Unfriede zwischen ihm und Kormak und beider Sippen. Damit vergeht dann die Zeit.

Da trifft es sich eines Tages so, daß Stengerde draußen in den Bergen ist, um Kräuter zum Färben zu sammeln, und Kormak begegnet. Es folgt nun ein langer Wortwechsel.

Da sagt Stengerde: »Welche Abhaltung hattest du an unserm Hochzeitstage?«

»Das wirst du kaum verstehen, und es ist schwer für mich, davon zu reden, denn was damals für mich hohe Berge waren, ist mir jetzt wie lose Sandhaufen.«

»Kormak! wolltest du mich nicht ehelichen?«

»Das wollte ich, Stengerde; aber ich konnte es nicht ertragen, daß du davon sprachest, und viel zogen die Worte über mich herab.«

»Skalden sind wohl zerbrechliche Ware!«

»Welcher Art ist Berse?«

»Er ist kein Skalde.«

Kormak stand nun eine Weile schweigend da und sah Stengerde an, dann sang er:

»Sammelt Odin aller
Asenfrauen Blut:
Weckte draus mit Runen
Eine Jungfrau gut,
Sollte sie als schönste
Götterwunsch erfüllen,
Deinen Leib sie nähme,
In ihn sich zu hüllen.

Milde Nornen hatten
Mich zur Maid gesandt,
Nornensinn sich ändert,
Berse zu ihr fand.
In der Zukunft sollte
Frühling mich beglücken,
Herbst ist es geworden,
Seine Nebel drücken.

Doch, wie hier ich stehe,
Matt und ohne Mut,
Macht und Siege brüten
Mir im Skaldenblut,
Denn wenn eines andern
Arme dich auch nahmen,
Ewig meine Lieder
Einen unsere Namen.

Dank für starke Freude,
Dank für Kummer bleich,
Dank für deine Liebe,
Für Verrat zugleich!
Dank für reiche Töne
Ungeborner Lieder,
Dank für jede Ehre,
Die ich finde wieder!«

Darauf entfernte er sich schnell, und sie stand lange da und sah ihm nach. Gleich darauf kam Berse herzu und setzte sich in einiger Entfernung; er hatte Kormak gesehen und sagte: »Habt ihr von eurer Hochzeit gesprochen? Armer Bursche! wenig Freude liegt in der Erinnerung an das Schaf, das der Wolf genommen hat.«

»Schweig, Berse!« sprach Stengerde, »er ist ein beßrer Mann als du!«

»Ja, Lieder zu ersinnen.«

»Freilich, Berse, aber es ist etwas Großes, Skalde zu sein!«

»Wohl ist es das! – du bist klüger als du denkst: – und schön bist du! Komm zu mir her!«

»Du bist alt, Berse!«

»Warum sagst du das? Komm zu mir her!«

»Du bist alt, Berse, und ich will dich pflegen und gut gegen dich sein.«

»Dafür will ich dich lieben.«

»Nein, dann lebe wohl, Berse!«

»Aber hast du denn Kormak noch lieb, nach allem, was er dir angetan hat?«

»Er und ich haben uns nun einmal verfehlt; aber noch können wir einander zurufen.«

»Hat er dich denn weggeschwatzt?«

»Dir, ja; aber nicht zu sich hin.«

So ging sie denn von Berse heim nach Tunge, und Thorkel mußte sehen, alles auf die beste Weise mit Berse zu ordnen.

Nach Tunge kamen oft Leute aus Sunnudal, da sie viel Sippschaft dort hatten. Der reichste Mann im Tale war Thorvald, der Wurm, und der kehrte immer bei Thorkel ein. Thorvald war ein weit berühmter Skalde. Seine Lieder waren sehr angesehen, aber wenige konnten sich ihrer erinnern; sein Gehöft war das schönste in weitem Umkreis, und in seiner Halle standen köstliche Becher aus Gold, die er von Königen und Jarlen als Skaldenlohn erhalten hatte. Seine Freunde waren alles alte Leute, und sie lobten ihn höchlich um seiner Klugheit und Besonnenheit willen; aber die jungen im Tal sagten von ihm, daß er ginge, als habe er Röcke um die Beine, und daß er von Waffen so viel verstünde, daß er glaube, man umfasse die Spitze des Schwertes und schlage mit dem Knauf.

Thorvald traf oft mit Stengerde zusammen, sprach immer lange mit ihr und sagte ihr seine Lieder. Da freite er eines Tages bei Thorkel um sie. Thorkel sagte, es sei ihm recht, verwies ihn aber an sie selber.

Stengerde saß am Webstuhl und sang. Als Thorvald zu ihr eintrat, hielt sie inne und sagte: »Thorvald! ist es etwas Großes, Skalde zu sein, und ist Skaldentum mehr als Männlichkeit?«

Thorvald erwiderte hastig: »Du kennst ja das Lied:

> In ewiges Grab
> Versinkt die Zeit,
> Schaut Skaldenblick
> Nicht ihren Schritt.«

»Ja! – Wie denkst du über Kormak?«

»Daß er tapfer ist.«

»Ja! – aber wie hoch schlägst du sein Skaldentum an?«

»So hoch wie das, wovon er singt.«

»Das ist so hoch wie ich.«

»Nein! – Das war nicht mein Gedanke.«

»Rechnest du deine Lieder für gleichwertig mit dem, was sie besingen?«

»Ja, Stengerde!«

»Dann steht also deine Kunst so viel über der seinen, wie Könige und Jarle über mir!«

»Nein! – Das war nicht mein Gedanke.«

»Was denkst du denn?«

»Daß keine Gleichheit ist zwischen meinen und Kormaks Liedern, daß Könige Könige sind und du die schönste aller Frauen bist!«

»Willst du freien?«

»Ja! Das ist mein Gedanke!«

»Ist es dein einziger?«

»Es ist mein nächster.«

»Was ist denn dein zweiter?«

»Hochzeit, Stengerde!«

»Bist du so groß mit mir, wie Kormak ohne mich?«

»Mit dir oder ohne dich ist meine Größe dieselbe.«

»Dieselbe?«

»Nicht aber mein Glück!«

»Dann rede mit Thorkel!«

»Das habe ich getan.«

»Dich verstehe ich! – und Skalde bist du?«

»Ein größerer als Kormak!«

Und dann folgt die Hochzeit, und sie ziehen nach Sunnudal.

Währenddes hat nun Kormak beschlossen, daß er mit Thorgils nach Norwegen ziehen will; er hat deswegen vieles zu beschaffen und zieht weit umher, um der Sippschaft Lebewohl zu sagen, so daß alle diese Nachrichten erst spät zu ihm gelangen. Gleich reitet er nach Sunnudal und trifft Stengerde auf dem Anger. Er bleibt auf dem Pferd und singt, ehe es noch ganz still steht:

> »Jetzt, Stengerde, wünsche
> Ich dir Sklavenstand,
> Daß du gingst als Ware
> Um von Hand zu Hand,
> Deine reiche Schönheit
> So gering du achtest,
> Daß an jeden Bettler
> Du sie fortverpachtest.«

Stengerde spricht: »Großes Unrecht begehst du, indem du stets hinter mir herläufst. Wohl glaubte ich, nun sei die Zeit gekommen, daß ich für immer von dir befreit sei.«

Da singt Kormak:

> »Niemals, nein, Stengerde,
> Trennst von dir du mich,
> Mehr als gleiches Lager

Bindet mich an dich.
Berg auf Berg gehäufet,
Ist nur kleines Hinder,
Wie der Wogen Schäumen,
Wurmes Arm noch minder.«

»Leicht ist es, sich in Liedern zu ergehen! Geh jetzt!« sprach Stengerde zornig. Kormak aber singt:

»Lebe wohl, dem Wurme
Gabst du Küsse hin.
Deine holde Stimme
Freute seinen Sinn;
Doch nur Kormak gelten
Still vergoßne Tränen,
Mutige Gedanken
Und dein starkes Sehnen.«

»Teuer soll dir dein Hohn zu stehen kommen, und das sollst du wissen, daß Thorvald hoch über dir steht, sowohl was seine Lieder betrifft, als auch in meinem Herzen!« So spricht Stengerde, und damit scheiden sie.

Als die Brüder am nächsten Morgen in aller Frühe aus dem Fjord hinaussegelten, stand Kormak im Steven und sang:

»Nacht ist jetzt vorbei,
Schlaf wie Friede endet,
Kampfgebot der Sonne
Strahlenbogen sendet.
Auf zu frischem Streit,
Tages-Schild hat Klang,
Wenn er jetzt auch klingt
Nur wie Vogelsang.

Seht, wie Ymers Blut
In der Sonne leuchtet.
Wie wenn es noch jetzt
Schenkelbogen feuchtet!

Wie es wild sich wiegt,
Wie es hoch sich hebt,
Wie wenn immer noch
Adern es durchbebt.

Himmelslicht und Glanz
Über fernem Firne,
Träume, die die Glut
Weckt in seinem Hirne,
Können nur umfassen
Svalins Runenzug,
Können nicht behausen
Stolzer Worte Flug.
Größre Pracht dem Wurme
Wurde zugewogen,
Traumes Rose lebt
Hinter weißen Wogen,
Knospen seiner Maid
Schöne Wangen schmücken,
Und auf ihrem Mund
Rosen ihn entzücken.«

Der Wind war ihnen günstig und trägt sie schnell dahin. Dann kommen sie nach Norwegen und werden gut aufgenommen. Aber lange halten sie sich nicht zurzeit an einem Ort auf; weit schweifen sie umher auf Wikingerzügen; bei Tagesgrauen betreiben sie Strandraub, des Abends bessern sie Segel aus; legen sie das Ruder hin, so nehmen sie das Schwert zur Hand, und bereiten sie den Feinden die eine Nacht Ungemach mit Siegesrufen, so heulen sie verwundet in der nächsten Nacht. Auf diese Weise tummeln sie sich zween Jahre, landen wieder in Norwegen; es sind ihrer weniger, die sie die Beute teilen, als da sie auszogen, um sie zu gewinnen.

Nun verweilen die Brüder eine Zeitlang am Königshofe, aber dann sagt Kormak, daß er lieber als ein Geächteter auf Island frieren als in Norwegen dem König und dem Feuer zunächst sitzen will.

Darauf antwortet Thorgils, daß wenig Männer so gierig nach ihrem Erbanteil laufen wie Kormak hinter dem Unglück dreinläuft.

Kormak spricht: »Ich kenne nur *ein* Glück, und das besitzet der Wurm.«

»Das hättest du ergreifen sollen, als es dir gereicht wurde«, sagt Thorgils.

»Reich es mir jetzt«, erwidert Kormak.

»Will denn das Glück?«

»Ja, das ists ja, was ich wissen will.«

So zogen sie denn nach Island und fanden dort ihren Ruf weit größer, als sie ihn zurückließen. Kormak begab sich bald nach Sunnndal und fand dort Stengerde allein zu Hause.

Seine ersten Worte waren die, ob sie sich sehr nach ihm gesehnt habe.

Darauf antwortet sie, daß ihre Sehnsucht stark nach ihm sei, wenn er in weiter Ferne weile, daß es ihr aber keine Freude bereite, ihn nahe zu wissen.

Dann sitzen sie lange da und sehen einander schweigend an. Da singt Kormak:

> »Laß mein Lied beschwören
> Längst vergangnen Tag,
> Den, wo wir uns trafen
> Unter Gnupdals Dach!
> Schmerz von sieben Jahren
> Mir dein Kuß ertöte,
> Zünde neuer Liebe
> Erste Morgenröte.«

Darauf antwortet Stengerde: »Schlecht geziemt es uns, unserer Ausgelassenheit zu gedenken, und nicht ist Thorvalds Frau gewöhnt, fremde junge Burschen zu küssen.«

»Und doch glaube ich, daß die Zeit kommen wird, wo wir das Lager teilen werden.«

»So hätte es sein können.«

»Stengerde, werde mein Weib!«

»Ich bin Thorvalds Gattin.«

»Er gleicht Berse so wenig, laß ihn ihm in Einem gleichen!«

»Du redest irre!«

»Es ist schwer, dich zu verlieren.«

»Das würde Thorvald finden.«

»Er hat dich nie besessen.«

»Jetzt redest du wieder ohne Verstand.«

»Aber liebst du denn Thorvald?«

»Ich sollte meinen, das sei eine Sache zwischen mir und ihm.«

»Aber du und ich denn?«

»Ich bin Thorvalds Gattin.«

Kormak singt:

> »Einst erschlossest du mir
> Deines Herzens Hort,
> Immer geht mein Sehnen
> Nach demselben Ort.
> Doch so stark mein Klopfen
> Und so sanft mein Flehen,
> Öffnest du mir niemals,
> Läßt mich draußen stehen.«

Dann wollte er gehen, aber Stengerde ergriff seine Hand; Kormat wandte sich um, aber sie ließ die Hand schnell fallen und ging davon. Dann geht auch er, und es liegen nicht viele Tage zwischen dieser Begegnung und seiner neuen Fahrt nach Norwegen.

Später wendet sich auch Stengerdes Sinn nach Norwegen, und sie und Thorvald ziehen dahin.

In Norwegen sieht nun Kormak eines Tages Stengerde auf der langen Straße dicht beim Königshofe. Er geht gerade auf sie zu und sagt: »Komm mit mir, Mädchen! lange genug bin ich ohne dich gewesen.«

»Dir sind Redensarten wohlfeil, die andere niemals gebrauchen!«

Kormak ergriff sie: »Jetzt sollst du mit mir kommen, vielsinnig Weib! Starke Liebe ist da auf beiden Seiten, und schön wird unser Zusammenleben werden; aber wer sich nicht zu dem Guten locken lassen will, der muß dazu gezwungen werden.«

Dann wollte er mit ihr von dannen ziehen. Stengerde aber begann um Hilfe zu rufen, und es kamen Leute herbei und trennten sie.

Nun zieht Thorvald mit Stengerde nach Dänemark, aber Wikinge rauben ihm Gut und Weib. Kormak und Thorgils sind auf derselben Fahrt begriffen und hören davon. Sie gewinnen beides zurück. Als sie Thorvald begegnen, spricht er ihnen warmen Dank aus und sagt: »Nimm du meine Stengerde, Kormak! Dich hat sie doch gemeint, sowohl da sie Holmgangs-Berse nahm, als auch da sie Thorvald den Skalden freite.«

»Ist das nach deinem Sinn, Stengerde?« fragte Kormak.

»Thorvald ist mir gut genug«, antwortete sie.

Dann singt Kormak:

Im Kladdebuch werden die »Gurrelieder« eingeleitet mit dem Gedicht:

Mittag

Poetischer Duft von Touristen-Schau
bedeckt schon Gurres Hänge;
Was hier man zu fühlen hat, weiß man genau
Durch alle bekannten Gesänge.
Bereitet ist alles; natürliche Quellen
Künstlich gefaßt sind; einzelne Stellen
Zeigen dir, wo sich Begeisterung schickt.
Herrlich der Wald, ein englischer Park,
Köstlich das Schloß, man zahlt eine Mark.
Ja, es umblühn
Rosen und Klematis in duftenden Ranken,
Und Friedhofsgrün
Schlingt sich um Mauern, wie um Gedanken.
Siehst du den Stein? Und wirst du gewahr.
Was er dir lehrt? Jetzt liest du es klar:

Mehr als ein Sockel
Ist nicht das Schloß.

Tief die Moral ist,
Weit sie bekannt,
Das ist der große
Wert ja der Vorzeit,
Daß sie in Zukunft
Trägt jenes Namen,
Der sie aus Dunkel
Zog an das Licht,
Brachte ihr Tag.

Reinschrift 23. Juli 69.

Über tredition

Eigenes Buch veröffentlichen

tredition wurde 2006 in Hamburg gegründet und hat seither mehrere tausend Buchtitel veröffentlicht. Autoren veröffentlichen in wenigen leichten Schritten gedruckte Bücher, e-Books und audio-Books. tredition hat das Ziel, die beste und fairste Veröffentlichungsmöglichkeit für Autoren zu bieten.

tredition wurde mit der Erkenntnis gegründet, dass nur etwa jedes 200. bei Verlagen eingereichte Manuskript veröffentlicht wird. Dabei hat jedes Buch seinen Markt, also seine Leser. tredition sorgt dafür, dass für jedes Buch die Leserschaft auch erreicht wird.

Im einzigartigen Literatur-Netzwerk von tredition bieten zahlreiche Literatur-Partner (das sind Lektoren, Übersetzer, Hörbuchsprecher und Illustratoren) ihre Dienstleistung an, um Manuskripte zu verbessern oder die Vielfalt zu erhöhen. Autoren vereinbaren direkt mit den Literatur-Partnern die Konditionen ihrer Zusammenarbeit und partizipieren gemeinsam am Erfolg des Buches.

Das gesamte Verlagsprogramm von tredition ist bei allen stationären Buchhandlungen und Online-Buchhändlern wie z. B. Amazon erhältlich. e-Books stehen bei den führenden Online-Portalen (z. B. iBookstore von Apple oder Kindle von Amazon) zum Verkauf.

Einfach leicht ein Buch veröffentlichen: **www.tredition.de**

Eigene Buchreihe oder eigenen Verlag gründen

Seit 2009 bietet tredition sein Verlagskonzept auch als sogenanntes "White-Label" an. Das bedeutet, dass andere Unternehmen, Institutionen und Personen risikofrei und unkompliziert selbst zum Herausgeber von Büchern und Buchreihen unter eigener Marke werden können. tredition übernimmt dabei das komplette Herstellungs- und Distributionsrisiko.

Zahlreiche Zeitschriften-, Zeitungs- und Buchverlage, Universitäten, Forschungseinrichtungen u.v.m. nutzen diese Dienstleistung von tredition, um unter eigener Marke ohne Risiko Bücher zu verlegen.

Alle Informationen im Internet: **www.tredition.de/fuer-verlage**

tredition wurde mit mehreren Innovationspreisen ausgezeichnet, u. a. mit dem Webfuture Award und dem Innovationspreis der Buch Digitale.

tredition ist Mitglied im Börsenverein des Deutschen Buchhandels.

Dieses Werk elektronisch lesen

Dieses Werk ist Teil der Gutenberg-DE Edition DVD. Diese enthält das komplette Archiv des Projekt Gutenberg-DE. Die DVD ist im Internet erhältlich auf **http://gutenbergshop.abc.de**

Zeitfracht Medien GmbH
Ferdinand-Jühlke-Straße 7
99095 Erfurt, Deutschland
produktsicherheit@kolibri360.de